Daniel Morawek

BÜCHER MIT AMAZONS CREATESPACE VERÖFFENTLICHEN

Handbuch, Tipps und Erfahrungen

3. erweitere und überarbeitete Ausgabe

3. überarbeitete und erweitere Ausgabe

3. Auflage als Print-Buch | September 2014

Der Autor Daniel Morawek wird vertreten von
Van Scoter Film, Andrew Van Scoter & Daniel Morawek GbR,
Zwischenstr. 1, 68219 Mannheim
www.danielmorawek.de

Herstellung und Druck:
Siehe Eindruck auf der letzten Seite

Covergestaltung: Daniel Morawek

ISBN-13: 978-1489596895
ISBN-10: 1489596895

Über das Buch

Mit »CreateSpace« können Autoren ohne großen Kostenaufwand ihre eigenen Printbücher erstellen und über Amazon vermarkten. Als inoffizielles Handbuch erklärt »Bücher mit Amazons CreateSpace veröffentlichen« alle nötigen Schritte zum eigenen Buch, gibt Ratschläge und berichtet von ersten Erfahrungen mit den gedruckten Büchern.

Der Autor Daniel Morawek arbeitet als freischaffender Drehbuchautor, Filmemacher und Schriftsteller und veröffentlichte drei Romane und Krimis bei Verlagen sowie mittlerweile fünf Bücher im Selbstverlag über CreateSpace.

www.danielmorawek.de / info@danielmorawek.de

INHALT

VORWORT

Ende Mai 2012 bereitete ich gerade die Veröffentlichung eines neuen Romans vor, den ich als eBook über Amazons *kindle direct publishing* herausgeben wollte. Der letzte Korrekturvorgang war in vollem Gange, als eine Pressemeldung die deutsche Selbstverlegerszene in Aufruhr versetzte: Am 17. Mai verkündete Amazon, dass das Tochterunternehmen CreateSpace, mit dem Selbstverleger in den USA schon seit Langem Print-Bücher, DVDs und CDs veröffentlichen können, nun auch in Europa Bücher vertreiben würde. Beginnend mit den Amazon-Stores im Vereinigten Königreich, Frankreich, Italien, Spanien und Deutschland.

Der Dienst sollte für die Autoren kostenlos sein. Es gab also nichts zu verlieren, wenn ich mein eBook zusätzlich als Printbuch herausbringen würde. Nur, wo anfangen mit der Bucherstellung? Eine offizielle deutsche Bedienungsanleitung gab es nicht. Ich suchte im Internet nach einem Erfahrungsbericht, der mir weiterhelfen konnte, aber selbstverständlich war nach drei Tagen nichts zu finden. Ich beschloss, wenn ich mich schon selbst durch den Erstellungsprozess kämpfen müsste, wenigstens einen Erfahrungsbericht zu verfassen. Dieser ging wenige Tage später auf meiner Webseite online (denn ja: Wie ich feststellen musste, ist das Erstellen von Büchern mit CreateSpace vergleichsweise einfach und ein Autor kann in kurzer Zeit sein Ziel erreichen). Der Artikel fand große Resonanz, es gab viele Kommentare sowohl auf meiner Seite

als auch in verschiedenen Foren und Facebook-Gruppen, in denen weiterführende Fragen gestellte wurden. Außerdem gaben viele Autoren wertvolle Hinweise und Anmerkungen. Ich selbst habe mittlerweile bereits zwei Romane und einen Kurzkrimi über CreateSpace veröffentlicht.
Dieses Buch ist das Ergebnis dieses fruchtbaren Austauschs und meiner Erfahrungen. Ich hoffe, dass es Fragen beantworten kann, und wünsche allen Selbstverlegern viel Erfolg mit ihren ersten eigenen Printwerken!
Für Feedback, Anregungen und weitere Fragen stehe ich gerne zur Verfügung.

Daniel Morawek
Mannheim im Mai 2013
www.danielmorawek.de
info@danielmorawek.de

NEUERUNGEN NOVEMBER 2013

Zwei große Neuerungen gibt es bei CreateSpace im November 2013: Zum einen können wir bei der Laminierung des Buchumschlags nun endlich, wie bei anderen Anbietern längst möglich, zwischen matt (*matte*) und glänzend (*glossy*) wählen. Auch bei bereits hochgeladene Bücher lässt sich die Veredelung ändern. Wir gehen einfach zum *Member Dashboard*, wählen ein Buch aus und klicken unter *Distribute* die neue Option *Cover Finish*. Hier ist nun die bisherige Standardvariante *Glossy* eingestellt. Mit einem Klick können wir auf *Matte* umstellen und dann speichern.
Das Buch ist danach immer noch als verfügbar (*available*) im Dashboard gelistet, es wird nicht für die Dauer der Überprüfung aus dem Verkauf genommen zu werden, wie beim Upload einer neuen Coverdatei.
Macht es Sinn, wenn das Buchcover matt ist? Das entscheide ich von Projekt zu Projekt. Natürlich ist es immer ein bisschen Geschmacksache. Persönlich finde ich, dass manche Cover besser matt aussehen, andere wirken glänzend schöner. Zur besseren Orientierung kann ich einen Gang zum eigenen Bücherregal empfehlen. Schauen wir uns doch mal ein paar Verlagsbücher an, um zu sehen, wie sie die Problematik gelöst haben, und was gut aussieht und was nicht ...

Expanded Distribution: Bisher habe ich immer davon abgeraten, die Option *Expanded Distribution* anzuklicken. Die Kosten lagen bis jetzt bei 25 Dollar – und das jedes Mal, wenn eine neue Auflage des Buches hochgeladen wurde. Nun ist die *Expanded Distribution* kostenlos geworden. Leider funktioniert die *Expanded Distribution* nach wie vor nicht für den deutschen Buchhandel. Für uns deutsche Autoren heißt das: Viel bringen wird es nicht die Option auszuwählen, im Zweifelsfall könnte es sogar schaden (nähere Details siehe *Kapitel 4.1.2* und *Häufig gestellte Fragen*).

Auch hier ist es möglich, die Option ohne Weiteres auf bereits bestehende Buchprojekte anzuwenden. Wir gehen ins *Member Dashboard*, wählen ein Buch und klicken unter *Distribute* auf *Channels*. Nun können wir die drei Vertriebskanäle der *Expanded Distribution* einzeln aktivieren und dann abspeichern.

NEUERUNGEN SEPTEMBER 2014

Der Link zu einer CreateSpace-Vorlage wurde eingefügt (Seite 20).

Die Angaben zur TIN und Steueridentifiaktionsnummer wurden auf den neusten Stand gebracht (Seite 33-34).

1. Die Vorbereitungen

1.1 Was ist CreateSpace?

CreateSpace ist eine Plattform für Independent-Verleger mit Sitz in den USA. Neben Büchern produziert das Unternehmen auch CDs und DVDs im On-Demand-Verfahren, sprich die Produkte werden in dem Moment hergestellt, wenn ein Kunde einen Artikel bestellt. Da CreateSpace zu Amazon gehört, können alle Produkte neben dem eigenen CreateSpace-Store auch bei Amazon eingestellt werden. Bei Amazon werden die Artikel als „Auf Lager" gelistet und innerhalb kürzester Zeit produziert und verschickt.

Die Tantiemen für die Selbstverleger fallen in der Regel deutlich höher aus, als bei anderen Anbietern. Klar: Wenn Amazon über sein Tochterunternehmen die Produkte herstellt und dann direkt an den Endkunden weiterverkauft, fällt der gesamte Zwischenhandel weg. Eine Vertragsbindung über einen längeren Zeitraum entsteht nicht. Autoren können ihr Werk jederzeit von der Plattform nehmen oder parallel anderweitig vertreiben. Was von Amazon und seiner Marktmacht im Online-Handel zu halten ist, das bleibt jedem selbst überlassen. Fakt ist: Amazon versteht es wie kein anderes Unternehmen Angebote zu schaffen, die auf die Wünsche der Selbstverleger eingehen. Sowohl bei der Gewinnbeteiligung als auch bei dem einfach gehaltenen Erstellungsprozess von Produkten. Das war schon bei *kindle direct publishing* so, bei CreateSpace ist es nicht anders.

Das Angebot von CreateSpace startet in Deutschland fürs Erste nur mit der Option eigene Bücher zu erstellen. Diese werden in Europa, in den meisten Fällen direkt in

Deutschland gedruckt, sobald ein Kunde bei Amazon bestellt.

1.2 Einen ersten Eindruck verschaffen: Der Tantiemenrechner

Noch bevor ein Autor sich bei CreateSpace anmeldet, kann er sich auf der CreateSpace-Seite im Royalty Calculator über die Verdienstchancen informieren, die sich je nach Seitenzahl, Buchformat und Verkaufspreis berechnen. Der Tantiemenrechner findet sich auf der Seite *www.createspace.com/Products/Book*. Leider ist der Rechner etwas versteckt: Es muss die Karteikarte *Distribution and Royalties* geöffnet und bis zum Seitenende heruntergescrollt werden.

Nun muss die geschätzte Seitenzahl eingegeben, ein Buchformat gewählt (Trim Size, siehe auch 2.4.1) und zumindest ein US-Preis angegeben werden, damit der Rechner arbeiten kann. Um einen groben Überblick über die Seitenzahl zu bekommen, empfiehlt es sich den eigenen Text bereits zuvor ins Normseiten-Format (30 Zeilen je 60 Anschläge pro Seite) zu bringen. Das Literaturcafe.de bietet hierfür eine kostenlose Vorlage an: *www.literaturcafe.de/normseite-dokumentvorlage-download*

Bei mir wurde die gesetzte Buchdatei im späteren Erstellungsprozess doch immer noch ein paar Seiten kürzer (bis zu fünf Prozent des ursprünglich geschätzten Umfangs), wenn ich mich an die CreateSpace-Vorgabe bezüglich Schriftart und Schriftgröße (siehe 2.4.2) gehalten habe. Diese kann aber auch geändert werden. Eine Differenz von fünf Prozent sollte aber bei der späteren, verbindlichen

Preisfestlegung (siehe 4.2) keinen großen Unterschied machen.
Ich persönlich orientiere mich bei der Festlegung eines Preises immer an vergleichbaren Büchern (bezüglich Genre und Seitenzahl) von „echten" Verlagen.
Der Euro- und Pfund-Preis wird in der Voreinstellung auf Grundlage des Dollar-Preises berechnet. Durch Entfernen der Häkchen können diese Preise aber auch unabhängig vom Dollar-Wert festgelegt werden. Schnell merkt der Autor beim Herumspielen, dass die angegebenen Verdienstmöglichkeiten sehr gut ausfallen – zumindest im Bereich bis circa 400 Buchseiten sollte eine kostendeckende Kalkulation problemlos möglich sein.
Aber Vorsicht: Der Tantiemenrechner weist nicht darauf hin, dass zu den Pfund- und Euro-Preisen noch die Mehrwertsteuer kommt. In Deutschland also 7% des Bruttopreises bei Büchern. Um auf die tatsächlichen Tantiemen zu kommen, müssen wir den Wunschpreis nehmen und davon sieben Prozent abziehen – das Ergebnis ist der eigentliche Listenpreis, den wir in den Rechner eingeben können und auf dessen Grundlage sich die Tantiemen berechnen.

1.3 Ein CreateSpace-Konto anlegen

CreateSpace ist ein Tochterunternehmen von Amazon. Deshalb ist es nicht möglich sich mit einem bestehenden Amazon-Konto anzumelden, wie es zum Beispiel bei *kindle direct publishing* problemlos funktioniert. Die Anmeldung für Neuautoren ist aber sehr einfach. Auf *www.createspace.com* wählen wir im Menü *Sign Up*. Nun müssen wir eine gültige

E-Mail-Adresse, ein selbstgewähltes Passwort, den korrekten Vor- und Zunamen sowie das Herkunftsland angeben. Auch das Medium, in dem wir publizieren wollen, müssen wir auswählen. Hier kommt in unserem Fall als deutsche Autoren nur die Option *Book* in frage.

Dem folgenden Service Agreement müssen wir zustimmen (vorher dürfen wir es natürlich noch lesen). Nun sendet CreateSpace einen Authentifizierungs-Code an die angegebene E-Mail-Adresse. Einfach auf den Link in der Mail klicken und – herzlichen Glückwunsch – das Mitgliedskonto wurde erfolgreich eingerichtet!

2. Ein Buchprojekt erstellen

Der Prozess der Buchherstellung ist bei CreateSpace in vier Bereiche unterteilt: *Setup, Review, Distribute* und *Sales & Marketing*. Diese sind wiederum in mehrere Untermenüs unterteilt. Die Eingaben der Untermenüs lassen sich während der Projekterstellung einzeln abspeichern, es ist also nicht zwingend nötig alle Informationen und Dateien bereits vorliegen zu haben. Wir können das Buch auch in mehreren Arbeitssitzungen erstellen.

In diesem Abschnitt werde ich die einzelnen Schritte im Bereich Setup, der unter anderem das Buchlayout und die Covergestaltung enthält, in der chronologischen Reihenfolge durchgehen, die CreateSpace vorgibt.

2.1 „Guided“ oder „Expert“?

Sofort nach der ersten Anmeldung öffnet CreateSpace das Fenster *Start Your New Project.* Unter (1) wird der Name des Buches eingetragen, (2) lassen wir auf der Voreinstellung *Paperback.* Bei Punkt (3) dürfen wir zwischen zwei verschiedenen Möglichkeiten wählen ein Buch zu erstellen: *Guided* oder *Expert.*

Der große Unterschied ist, dass wir bei *Guided* die einzelnen Schritte der Bucherstellung in einzelnen Menüs bewältigen können, in denen sich jeweils nur einem Arbeitsschritt gewidmet wird. Bei *Expert* läuft der gesamte Prozess der Bucherstellung – von der Wahl des Papieres bis hin zur Preisgestaltung – in einem einzigen Menü ab. Ich finde die *Guided*-Variante auch nach dem dritten Buch, das ich erstellt habe, viel übersichtlicher als das Experten-Menü und empfehle deshalb nicht nur für Einsteiger die geführte Variante.

2.2 Das Menü „Title Information“

Haben wir uns für *Guided* entschieden, so landen wir sofort im ersten Untermenü der Setup-Sektion. Der Buchtitel ist zwar ein Pflichtfeld, da wir diesen aber bereits eingegeben haben, wird er aus dem vorhergehenden Menü übernommen. Ein weiteres Pflichtfeld ist die Angabe zum *Primary Author.* Hier stehen ganze fünf Eingabefelder zur Verfügung – nur für einen Autorennamen! Zwingend nötig ist aber nur die Eingabe des Nachnamens bei *Last Name / Surname.* Üblicherweise kommt noch der Vorname bei *First Name / Initial* hinzu. Die Eingabe eines zweiten Vornamens

(*Middle Name*) ist möglich, ebenso ein Namenszusatz als *Prefix* und/oder *Suffix*.
Add Conributors ermöglicht es weitere Co-Autoren zuzufügen.
Unter *Subtitle* ist ein möglicher Untertitel einzugeben – sofern das Buch einen Untertitel hat (bei Romanen eher selten der Fall).
Volume bezeichnet den Band einer Buchreihe. Ist das Werk ein Reihentitel, dann lässt sich hier angeben, um welchen Teil es sich handelt (das Auswahlmenü geht bis Band 100).
Um weiterzukommen, müssen wir – wie in jedem Untermenü – auf *Save & Continue* klicken, um fortzufahren.

2.3 Die ISBN-Nummer

CreateSpace bietet Autoren die Möglichkeit eine kostenlose ISBN-Nummer zu beziehen. Diese ISBN-Nummer ist an CreateSpace gebunden, sprich: Die Nummer darf nicht weiterverwendet werden, wenn derselbe Titel in einer anderen Form bei einer anderen Druckerei produziert wird als bei CreateSpace.
Eine eigene einzelne ISBN-Nummer zu beziehen kostet etwa 80 Euro. Mengenabnehmer wie CreateSpace erhalten hingegen große Rabatte. Solange das Buch nur über CreateSpace vertrieben wird und nicht parallel auch durch einen anderen Anbieter, gibt es eigentlich keinen Grund eine eigene ISBN-Nummer zu erwerben, also wählen wir *Free CreateSpace-Assigned ISBN*. Die beiden ISBN-Nummern (genau, eigentlich sind es zwei: Die zehnstellige und die dreizehnstellige) erscheinen, sobald wir die Auswahl bestätigt haben.

Die Nummer können wir nun markieren, kopieren und in ein separates Dokument speichern – später werden wir sie noch einmal brauchen.

Wenn eine eigene ISBN-Nummer eingegeben wird, muss unter *Imprint* Name der Name des Herausgebers eingegeben werden. Bei CreateSpace-ISBN-Nummern wird CreateSpace später bei Amazon als Verlag angegeben.

2.4 Buchausstattung: Das Menü „Interior"

CreateSpace bietet bei der Auswahl der Buchausstattung weniger Auswahlmöglichkeiten als die meisten anderen Print-On-Demand-Dienstleister. Die Möglichkeit ein Buch, das schwarzweiße und farbige Seiten mischt, zu produzieren, wird beispielsweise nicht angeboten. Natürlich kann ein Buch mit vollständig farbigen Seiten gedruckt werden, aber die Preise hierfür werden wohl für die wenigsten Projekte lukrativ sein (vielleicht für ein Comic mit 52 Seiten und einem Verkaufspreis von 10 Euro oder mehr). Ich habe bereits bei einem anderen Anbieter ein Buch mit fünf farbigen Seiten zwischen 107 schwarz-weißen produzieren lassen – das hätte sich bei CreateSpace nie rentiert.

Für Belletristik und die meisten Sachbücher sollte die Option *Black & White* ausreichend sein. Bei der Papierfarbe ist zwischen Weiß und Cremefarben zu wählen. Weißes Papier eignet sich besser zum Druck von Fotos, wohingegen cremefarbenes Papier Standard bei Romanen ist, da der milchige Ton die Augen bei langem Lesen entspannt.

2.4.1 Das Buchformat

Die *Trim Size* (Endformat des Buches) bietet zwölf Standard-Optionen, wobei die möglichen Größen nicht unbedingt die typischsten deutschen Taschenbuch-Formate widerspiegeln. CreateSpace gibt die Formatgrößen glück-licherweise nicht nur in Zoll, sondern darunter auch in Zentimetern an. Ich persönlich habe für alle meine Bücher bisher die kleinste Größe von *5 x 8 Zoll* (12,7 x 20,32 Zentimeter) gewählt, da dies eigentlich schon eine gute Taschenbuchgröße ist. Ansonsten empfehle ich mit einem Lineal durchs eigene Buchregal zu gehen, um das per-sönliche Lieblingsformat herauszufinden.

Das Format wird durch Klicken auf *Choose a Different Size* festgelegt. Ist kein passendes Format bei den zwölf vorgestellten Formaten dabei, gibt es unter *More Sizes* drei weitere Formate sowie die Möglichkeit ein eigenes Format einzugeben (hier kann man von *Inches* auf *Centimeters* umstellen).

2.4.2 Der Satz und die Vorlage für den Buchinhalt

Direkt unter der Formatwahl können wir uns ein Word-Template herunterladen, in das später der Text eingefügt wird. Zur Auswahl stehen das *Blank Template* (leere Vorlage) und das formatierte Template.

Auch in der „leeren" Vorlage ist bereits voreingestellt, dass eine ungerade Seite einen anderen Abstand zum Seitenrand hat als eine gerade – was sehr praktisch ist. Somit ist bei den gegenüberliegenden Seiten später genug freier Platz, wenn das Buch aufgeschlagen wird.

Ich persönlich nutze die formatierte Vorlage, da auch hier noch genug Spielraum für persönliche Änderungen ist, ich aber umso schneller mit meinem Text durchstarten kann.

In der Vorlage sind verschiedene Buchabschnitte vorangelegt: Titel, Impressum, Dedication, Inhaltsverzeichnis, Acknowledgments und schließlich der eigentliche Buchtext (mit zehn Beispiel-Kapiteln). Auch eine automatische Seitennummerierung ist eingefügt – diese startet aber erst beim eigentlichen Buchtext, und zwar mit Seite 1, obwohl das eigentlich Seite 9 der Vorlage ist. Wer gerne eine Nummerierung im Buch möchte, die auch wirklich auf der ersten Seite beginnt, sollte also komplett die ersten acht Seiten der Vorlage löschen. Da auf den ersten Seiten eines Buches für gewöhnlich keine Seitenzahlen stehen, können wir diese manuell aus der Fußzeile löschen – die späteren Seitenzahlen bleiben trotzdem erhalten.

Auf vielfache Nachfrage habe ich aus der Vorlage für 5x8 Zoll eine modifizierte Vorlage erstellt, die hier geladen werden kann: http://www.danielmorawek.de/wp-content/uploads/Vorlage%E2%80%93CreateSpace_5x8.doc

„Schmutztitel" und Titelseite

Für gewöhnlich haben Bücher einen „Schmutztitel", also die Angabe des Buchtitels, meist ohne die Angabe des Autors, auf der ersten Seite. Die zweite Seite bleibt leer (oder wird mit dem Impressum gefüllt) und auf der dritten Seite kommt das eigentliche Titelblatt, das Buchtitel und Buchautor nennt. Grundsätzlich empfiehlt es sich beim Titelblatt dieselben Schriftarten zu verwenden, die auch auf dem Buchcover für Titel und Autorenname genutzt wurden. Möglich ist es auch eine der beiden Schriften im Innenteil des Buches für Kapitelüberschriften zu nutzen.

Den eigenen Text einfügen und formatieren

Um den eigenen Text in die Vorlage einzufügen, können wir getrost den gesamten Bereich der Beispiel-Chapter löschen und an deren Stelle eigene Inhalte einkopieren. Für den Satz ist in der Vorlage die Schriftart „Garamond" in Schriftgröße 11 vorgegeben. Das ist eigentlich eine gute Wahl für einen Buchsatz. Möchten wir diese Voreinstellung beibehalten, kopieren wir den Text und wählen bei Word „*Bearbeiten/Inhalte einfügen...*" und dann „*Auswahl/Unformatierter Text*". Der Text wird nun mit der vorgegebenen Schriftart eingegeben. Aber Vorsicht: Nun sind auch alle *Kursiv*- oder **Fett**-Setzungen im Text herausgeflogen, ebenso die Textausrichtung. Diese müssen manuell wieder eingefügt werden.

Eine andere Möglichkeit ist es, den Text einfach per Copy & Paste einzufügen und die gewünschte Schriftart und Schriftgröße nachträglich zu ändern. Hiermit bleiben alle

Setzungen erhalten und natürlich kann auch eine andere Schriftart gewählt werden.

Tipp: Um zu sehen, welche Schriften in einem gedruckten Buch gut aussehen, lohnt sich ein Blick in die eigene Bibliothek. Häufig sind im Impressum eines Buches die verwendeten Schriften angegeben.

Impressum einfügen

Vor Probleme stellt uns deutsche CreateSpace-Autoren das Impressum. Bei Veröffentlichungen in Deutschland ist ein Impressum Pflicht. Was genau darin angegeben werden muss, hängt vom jeweiligen Landespressegesetz des Bundeslandes ab, in dem der Verleger wohnt. Im Landespressegesetz von Baden-Württemberg heißt es beispielsweise:

§ 8 Impressum. (1) Auf jedem im Geltungsbereich dieses Gesetzes erscheinenden Druckwerk müssen Name oder Firma und Anschrift des Druckers und des Verlegers, beim Selbstverlag des Verfassers oder des Herausgebers, genannt sein.

Ein Selbstverleger aus Baden-Württemberg müsste also seine komplette Anschrift angeben. Haben wir aber eine CreateSpace-ISBN gewählt, dann ist aber CreateSpace offiziell der Verlag. CreateSpace sitzt in den USA und hier gelten keine derart strengen Impressums-Regelungen. Da das Buch aber in Deutschland hergestellt und verkauft wird, empfiehlt es sich dennoch ein Impressum einzufügen, um auf der sicheren Seite zu sein.

Grundsätzlich gehören folgende Angaben ins Impressum:
- Auflage
- ISBN-Nummer (haben wir vorher gespeichert, nun können wir sie einfügen)
- Copyright-Angabe
- Verlag und Autor

Was häufig ebenfalls im Impressum steht
- Der Zusatz Printed in Germany bzw. Name der Druckerei. Wie wir gesehen haben, ist dies keine Pflichtangabe, die vom Pressegesetz vorgeschrieben ist. Da CreateSpace-Bücher an unterschiedlichen Orten gedruckt werden können – je nachdem, wo sie bestellt werden – sollten wir diese Angabe überdenken. Zumal CreateSpace den Zusatz über die Druckerei auf der letzten Seite einfügt (hier stand bei den Büchern, die ich bestellte, bisher jedes Mal: Printed in Germany by Amazon Distribution GmbH, Leipzig).
- Die Webadresse des Verlags oder Autors
- Die Angabe, dass das Buch in der Deutschen Nationalbibliothek (DNB) verzeichnet ist. Die DNB empfiehlt einen Standardvermerk, Pflicht ist dieser allerdings nicht: Bibliografische Informationen der Deutschen Nationalbibliothek: *Die Deutsche Nationalbibliothek verzeichnet diese Publikation in der Deutschen Nationalbibliothek; detaillierte bibliographische Daten sind im Internet über http://dnb.d-nb.de abrufbar.*
- Angaben zu Mitwirkenden (Satz, Lektorat, Cover etc.)
- Angaben zu verwendeten Schriftarten

Ich habe im Impressum meiner Bücher bisher immer meine eigene Adresse angegeben. Also „Copyright“ + „Jahreszahl“

+ „Autorenname“ + „Autorenadresse“ + „Autorenhomepage“. Ziel der deutschen Impressumspflicht ist es ja, dass ein Verantwortlicher klar benannt ist und deutlich ist, wo dieser zu kontaktieren ist. Dieses Konzept übernehme ich bei einem Buch, dass hauptsächlich in Deutschland vertrieben wird, selbst wenn der Verlag in den USA sitzt.

Silbentrennung

Dem eingefügten Text fehlt natürlich noch die Silbentrennung. Word bietet die Möglichkeit zur automatischen Silbentrennung. Hierfür sind die Anweisungen im Word-Hilfemenü unter „*Silbentrennung*“ zu beachten.

Ich persönlich füge die Trennungen eigenhändig in den Text ein. Das erlaubt die größere Kontrolle über das Ergebnis. Wer sich bei der Worttrennung unsicher ist, dem sei die Webseite des Duden empfohlen – auch im Online-Wörterbuch wird die Silbentrennung für gesuchte Begriffe angegeben.

Variable Seitenzahl

Für eine Buchproduktion ist es notwendig, dass die Anzahl der Seiten durch vier teilbar ist. Auch bei Büchern, die von CreateSpace hergestellt werden, ist das der Fall. Für die Buchdatei, die wir Autoren liefern müssen, gilt das allerdings nicht. CreateSpace fügt am Ende eines Buches grundsätzlich Seiten hinzu, auf der letzten Seite steht der Herstellungsort des Buches und CreateSpace fügt einen Barcode ein.

Liefern wir ein Buch ab, dessen Seitenzahl durch vier teilbar ist, fügt CreateSpace vier Seiten hinzu, von denen drei Seiten leer sind und die letzte die erwähnten Daten enthält. Haben wir beispielsweise 178 Seiten, so ergänzt CreateSpace lediglich ein Blatt mit einer leeren Seite und einer bedruckten Rückseite und man landet schließlich bei 180 Seiten.

Für die Berechnung der Dicke des Buchrückens (siehe 2.5.2) müssen diese Extra-Seiten übrigens nicht berücksichtigt werden. Ob nun ein Blatt mehr oder weniger, macht bei der Dicke eines Buches und der richtigen Position des Buchrückens keinen erkennbaren Unterschied – schließlich kann es im Druck sowieso zu minimalen Verschiebungen kommen.

2.4.3 Buchupload

Das Ergebnis des Satzes können wir im Interior-Menü unter Interior File entweder als Word-, RichText- oder PDF-Datei hochladen. Es empfiehlt sich aber den Text aus Word heraus ins PDF-Format zu speichern, da nur so sichergestellt ist, dass alle Schriften nach dem Upload erkannt und richtig dargestellt werden.

Ist die Datei hochgeladen, erscheinen neue Auswahlmöglichkeiten im Menü. Den Beschnitt (*Bleed*) können wir auf der Voreinstellung *Ends before edge of the page* stehen lassen, solange wir die CreateSpace-Vorlage für den Satz genutzt haben. Auch das Feld für den *Interior Reviewer* können wir angekreuzt lassen – dann wird nach dem Klick auf *Save* eine Vorschau des Buch Innenteils generiert, was je nach Größe der hochgeladenen Datei einige Minuten dauern kann. Ist der Upload abgeschlossen, starten wir den Reviewer: *Launch Interior Reviewer.*

Sollte mit der Datei etwas grundsätzlich nicht stimmen, erhalten wir eine Fehlermeldung. Ansonsten können wir nun durch das simulierte Buch blättern. Wenn das Ergebnis gefällt, heißt es *Save and Continue.* Wenn nicht: *Go Back an Make Changes.* Eigentlich ist es egal, auf welchen der beiden Buttons wir drücken, am Ende landen wir in einem neuen Menü, in dem wir die Wahl haben eine neue Datei hochzuladen, den Reviewer erneut zu starten oder mit *Continue* fortzufahren und den Zwischenstand zu speichern.

Anmerkung: Der Autor Frank Argos hat mich darauf hingewiesen, dass der Upload der Buchdatei mit dem Browser von T-Online nicht möglich war. Sollten Sie ähnliche Probleme haben, dann probieren Sie es einfach mit einem anderen Browser. Mit Firefox und Safari hatte ich bisher nie Schwierigkeiten.

2.5 Das Buchcover

Nun benötigt CreateSpace das Buchcover. Zuerst wählen wir die Laminierung des Buchumschlags aus. Zur Auswahl stehen matt (*matte*) und glänzend (*glossy*).

Danach gibt drei weitere Wahlmöglichkeiten:

- Ein Cover mit dem Cover Creator von CreateSpace erstellen (*Build Your Cover Online*)
- ein Cover von CreateSpace gegen Bezahlung erstellen lassen (*Professional Cover Design*)
- ein vorbereitetes Cover hochladen (*Upload a Print-Ready PDF Cover*)

Das professionelle Cover Design, das CreateSpace anbietet, startet bei einem Preis von 149 US-Dollar. Ein *Unique Book Cover* kostet bereits 349 US-Dollar. Jeder Autor muss für sich wissen, ob er das ausgeben möchte. Es müssen viele Bücher verkauft werden, um diese Startinvestition wieder hereinzuholen. Die Cover-Beispiele, die CreateSpace präsentiert, sehen allesamt professionell aus, wenn auch sehr amerikanisch. In einer Eingabemaske kann der Autor eigene Ideen, Bilder und Texte einreichen, die dann weiterverarbeitet werden.

Für den Moment gehen wir davon aus, dass wir CreateSpace tatsächlich kostenlos nutzen wollen. Das heißt, dass wir wohl oder übel selbst tätig werden müssen, was das Cover betrifft!

2.5.1 Der Cover Creator

Zurzeit werden im Cover Creator, den ein Autor bequem im Fenster seines Browser aufrufen und bedienen kann, 30 verschiedene Vorlagen angeboten. Diese sind individuell veränderbar. Es können eigene Bilder gewählt werden,

Farben können geändert und natürlich der eigene Text eingefügt werden. Das war es dann aber eigentlich auch schon. Die Wahl eigener Schriftarten ist nicht möglich. Es gibt bei den Vorlagen noch ein Untermenü *Themes*. Hier können wir zwischen mehreren Untervorlagen wählen, wobei sich in der Regel die Schriftart und vielleicht noch die Farben auf eine von CreateSpace vorgegeben Weise ändern.
Mir persönlich gefällt keine der Vorlagen wirklich gut. Meiner Meinung nach sollten wir uns gut überlegen, ob wir ein Cover nicht ohne den Cover Creater besser gestalten. Ein wirklich gutes Cover sollte etwas mehr Individualität aufweisen.
Auf der vierten Seite des CoverCreators gibt es allerdings die Möglichkeit unter dem Titel *The Pine* eine fertige Bilddatei eines eigenen Covers hochzuladen.

2.5.2 Spezifikationen für das eigene Cover

Das eigene Cover kann nur als PDF-Datei hochgeladen werden und darf nicht größer als 40 MB sein. Die Vorlage kann sowohl im RGB- als auch im CMYK-Farbraum erstellt sein und muss die Standard-Druckauflösung von 300 dpi haben.

Die richtige Größe errechnen

Die endgültige Größe des Buchcovers hängt nicht nur von dem Buchformat, sondern auch von der Seitenzahl und dem Papier ab, da sich diese Daten auf die Dicke des Buchrückens (*Spine*) auswirkt. Bei der Berechnung wird zwischen Schwarzweiß- und Vollfarb-Büchern sowie

zwischen weißem und cremefarbigem Papier unterschieden, da es hier unterschiedliche Papierdicken gibt.
Bei einem Schwarzweiß-Buch müssen wir für weißes Papier 0.002252 Zoll (0,0572 mm) und für cremefarbenes Papier 0.0025 Zoll (0,0635 mm) mit der Seitenzahl multipliziert werden.
Beispielrechnung: Bei einem Buch mit 178 Seiten und cremefarbenen Papier rechnen wir 0,0635 mal 178. Heraus kommt 11,3. Das ist die Millimeterangabe. 10 Millimeter entsprechen einem Zentimeter, der Buchrücken hat also eine Breite von 1,13 cm.

Beschnittrand

Für den Druck wird ein Beschnittrand (*Bleed*) von mindestens 0,125 Zoll benötigt. Das sind 3,175 mm oder auch 0,3175 cm. Dieser Beschnitt muss an allen Seiten zum Endformat (*Trim Size*) hinzuaddiert werden. Die Breite der Cover-Datei berechnet sich also folgendermaßen: *Beschnitt + Breite des Buchformats (für die Rückseite) + Buchrücken + Breite des Buchformats (für die Vorderseite) + Beschnitt*
Bei einem Buch im Format 5 x 8 Zoll bzw. 12,7 x 20,32 cm mit cremefarbenem Papier und 178 Seiten hieße das also: *0,3175 cm + 12,7 cm + 1,13 cm + 12,7 cm + 0,3175 cm* = 27,165 cm
Die Höhe der Cover-Datei berechnet sich so:
Beschnitt + Höhe des Buchformats + Beschnitt
Wenn wir für die Beispielrechnung dieselben Parameter nehmen, ergibt das:
0,3175 cm + 20,32 cm + 0,3175 cm = 20,955 cm

Individuelle Vorlage für das Buchcover

Geht das nicht auch einfacher? Ja. Auf der Seite *www.createspace.com/Help/Book/Artwork.do* gibt es die Möglichkeit die individuellen Buchdaten in eine Maske einzugeben. Wir wählen bei *Interior Type* jeweils dic Variante mit Beschnittrand (*with bleed*). Nun wird eine ZIP-Datei erstellt, in der sich eine PNG- und eine PDF-Datei mit den exakten Druckmaßen befindet. In der Datei sind auch die einzelnen Bereiche des Covers wie Buchrücken oder Vorderseite klar erkennbar. Auch die Position des Barcodes (der später von CreateSpace hinzugefügt wird) ist deutlich zu sehen. Der rot unterlegte Bereich ist der Bereich, in dem kein Text stehen soll – als Sicherheitsabstand zum Beschnittrand. Es empfiehlt sich aber Schriften noch weiter vom Rand entfernt enden zu lassen, damit das Layout später nicht zu überladen wirkt.

Leider fügt CreateSpace der Vorlage links, rechts und oben einen großen weißen Rand bei. Wir sollten die Vorlage also beschneiden und nur den relevanten Bereich übrig lassen, wenn wir sie in ein Design-Programm einfügen, damit die Handhabung einfacher wird. Zur Erstellung von Cover-Dateien eignen sich professionelle Layout- und Design-Programme wie *InDesign* und *Photoshop* von Adobe ebenso wie kostenlose Software wie *GIMP*, das ähnliche Möglichkeiten bietet wie kostenpflichtige Bildbearbeitungs-Programme.

Ist die Vorlage in einem Grafikprogramm eingefügt, fügen wir Hilfslinien über die einzelnen Buchbereiche ein, an denen wir uns beim Weiterbearbeiten orientieren können. Um das eigentliche Cover zu erstellen, legen wir die Vorlage auf die unterste Ebene und erstellen unser Layout auf darüber liegende Ebenen. Die Vorlage muss am Ende natürlich komplett vom neuen Design verdeckt werden oder am Schluss vor dem Speichern der Datei als PDF gelöscht werden.

Buchrücken

CreateSpace rät erst ab 130 Seiten eine Beschriftung auf den Buchrücken hinzuzufügen. Bei einem Buch mit unter 100 Seiten, sagen sie, dass man die Beschriftung komplett weglassen soll. Ich habe ein Buch mit einem Umfang von 52 Seiten gedruckt – tatsächlich ist der Buchrücken hier so schmal, dass eine Beschriftung so klein sein müsste, dass sie am Ende wahrscheinlich doch kaum lesbar wäre.

Cover Upload

Im Gegensatz zum Innenteil steht uns nach dem Upload des Buchcovers kein Reviewer zur Verfügung, in dem wir uns das Ergebnis sofort ansehen könnten. Die kompletten Daten, die wir bisher eingegeben haben (inklusive Buchinnenteil und Cover), werden nun an CreateSpace zur Überprüfung weitergeleitet. In einem Zwischenfenster teilt uns CreateSpace mit, dass es bis zu 48 Stunden dauern wird, bis unsere Daten auf Druckbarkeit geprüft sind. In der Praxis kamen die Daten bei mir allerdings immer innerhalb von 24 Stunden zurück. In der Zeit bis zur endgültigen Druckfahnenprüfung können wir die weiteren Daten ergänzen, die CreateSpace benötigt.

Dies ist auch der späteste Zeitpunkt, an dem CreateSpace verlangt, dass wir unsere finanziellen und steuerrechtlichen Daten in unser *Account Profile* eintragen, bevor wir weitermachen dürfen …

3. Tantiemen und Steuernummer

Dass CreateSpace ein US-Unternehmen ist, habe ich schon erwähnt. Alle Bücher, die ein Autor direkt bei CreateSpace bestellt (beispielsweise als Korrekturexemplar oder um den Autorenrabatt nutzen zu können) werden in den USA gedruckt, ebenso alle Bücher die Kunden im US-Store von Amazon oder direkt im CreateSpace-Store bestellen. Tritt Letzteres ein, fallen auch Einnahmen in den USA an.

Von einer US-Steuernummer (TIN) ist bei CreateSpace zu lesen und davon, dass Einnahmen an das US-Finanzamt gemeldet werden und solange einbehalten werden, bis die Steuernummer sowie ein weiteres Formular vorliegt. Klar, dass es einem deutschen Autor erst einmal schwindlig wird, wenn er das liest. Aber immer der Reihe nach.

3.1 Brauche ich eine US-Steuernummer?

Bisher lautete die Antwort ja, doch im Sommer 2014 hat CreateSpace die Bedingungen zum Ausfüllen der *Tax Information* geändert. Wir benötigen jetzt nur noch unsere 11-stellige Steueridentifikationsnummer (IdNr), die uns das deutsche Finanzamt zur Verfügung gestellt hat.

Unter *Account Settings – Royalty Payment Profile* starten wir das Eingabeformular. Im ersten Fenster wählen wir bei "*Type of beneficial owner*" *Individual* aus und unser Herkunfstland. Bei der zweiten Frage, geht es darum, ob wir ein Agent sind, der einen Autor vertritt. Normalerweise ist das nicht der Fall, sondern wir füllen für uns selbst aus, also *No*. Die Adresse im Feld darunter, hatte das Formular bei mir automatisch übernommen.

Bei *der Mailing adress* geben wir unsere Anschrift ein. Bei *U.S. person tests* muss bei deutschen Bürgern, die keine der angegebenen Kriterien erfüllen, nichts angekreuzt werden. Wichtig ist nun die Auswahl bei *TIN*: Wenn wir keine US-TIN beantragt haben, wählen wir hier, dass wir eine ausländische TIN besitzen (*I have a foreign (no-U.S.) income tax identification number*).

Ist diese Option ausgewählt, taucht ein neues Feld auf, in dem die 11-stellige persönliche Identifilationsnummer eingegeben werden kann. Es muss noch das *Country of residence* ausgewählt und bestätigt werden, dann sehen wir eine Vorschau des ausgefüllten *W-8BEN*-Formulars, dass für das US-Finanzamt notwendig ist. Oben bei der *tax withholding rate* sollte nun bereits 0.00% Steuereinbehalt stehen.

In der nächsten Eingabemaske muss das Formular noch unterschrieben werden. Um nichts ausdrucken und in die USA verschicken zu müssen, habe ich hier die *Electronic signature* ausgewählt. Die Häkchen müssen gesetzt werden und am Ende bei *Signature* der eigene Name als Unterschrift eingetragen werden. Fertig!

3.2 Die Kontoinformationen ausfüllen

Das *Royalty Payment Profile* unterteilt sich in drei Untermenüs. Unter *Payee Information* (Informationen zum Zahlungsempfänger) müssen wir das Land angeben, in dem wir wohnen, unseren Namen sowie unsere vollständige Postadresse.

Unter *Payment Information* können zwei Auszahlungsmöglichkeiten gewählt werden. Entweder per Scheck (*Check*) – wofür allerdings Mindesteinnahmen von 100 Euro nötig sind, damit die Tantiemen an den Autor ausgezahlt werden – oder per Banküberweisung (*Direct Deposit*). Der große Vorteil der Überweisung ist, dass Tantiemen bereits ab einem aufgelaufenen Betrag von 10 Euro ausgezahlt werden.

Wählen wir *Direct Deposit*, so öffnet sich ein neues Feld, in dem wir *EU* auswählen müssen. Danach müssen *IBAN* und *SWIFT-Code* für die internationale Überweisung (finden wir auf unseren Kontoauszügen) und der Name des Kontoinhabers (*Name on Bank Account*) eingetragen werden. Außerdem muss der *Bank Account Type* gewählt werden – *Checkings* ist das übliche Girokonto.

Im dritten Untermenü *Tax & Business Information* kommen wir nun zur gefürchteten Steuernummer. Es reicht wie gesagt, wenn hier der eigene Name bei T*ax Reporting Name* eingetragen wird. Das ist der Name, der ans US-Finanzamt im Falle von Einnahmen weitergegeben wird. Das zweite Pflichtfeld ist *Business Type*. Als Selbstverleger wählen wir *Individual* aus. Nur wenn die Pflichtangaben getätigt sind, kann die Seite auch gespeichert werden und wir können fortfahren. Sind nicht alle Pflichtfelder ausgefüllt, dann gehen alle Angaben verloren und müssen später noch einmal neu eingegeben werden.

4. Vertriebseinstellungen

Im Bereich Distribution können wir die Vertriebskanäle wählen, einen Preis für das Buch festlegen und die Buchbeschreibung ergänzen.

4.1 Das Menü „Channels"

CreateSpace stellt insgesamt sechs verschiedene Vertriebskanäle zur Verfügung. Drei davon sind kostenlos und unter *Channels* bereits vorausgewählt. Die drei Kanäle sind:

- *Amazon.com* / Das Buch wird auf der US-Amazon-Seite gelistet.
- *Amazon Europe* / Das Buch wird auf den Amazon-Seiten in Deutschland, Frankreich, Italien, Spanien und dem Vereinigten Königreich gelistet
- *CreateSpace eStore* / Das Buch wird im CreateSpace-eigenen Store gelistet. Bei Bestellungen – auch aus Deutschland – wird das Buch in den USA gedruckt. Die Tantiemen fallen im CreateSpace-eStore noch höher aus, als bei einer Bestellung über Amazon.com – es handelt sich dann aber um Dollar-Einnahmen. Auch Autoren bestellen ihre Autorenexemplare direkt über den eStore und erhalten besonders günstige Konditionen (Tantiemen fallen bei Autorenbestellungen über CreateSpace allerdings nicht an).

Grundsätzlich können alle Einstellungen so gelassen werden, wie sie voreingestellt sind. Speichern müssen wir in dem Menü trotzdem. Sollte einer der drei Distributions-Kanäle aus irgendeinem Grund nicht gewünscht sein, lässt er sich durch Klicken auf den blauen Pfeil deaktivieren.

4.1.2 Expanded Distribution

Früher kostete die Option 25 US-Dollar, jetzt ist sie kostenlos. Es handelt sich um den erweiterten Vertrieb. Dieser enthält drei zusätzliche Vertriebskanäle, unter anderem den Anschluss an den Buchhandel und an Bibliotheks-Datenbanken. Allerdings nur in den USA – diese Option ist für deutsche Autoren also kaum von Bedeutung.

Auf meine Anfrage beim CreateSpace-Kundenservice wurde mir mitgeteilt, dass die Bücher unter Umständen auch international im Buchhandel verfügbar sind – sofern ein Buchhändler Zugriff auf die Datenbanken von *Ingram, Lightning Source* oder *CreateSpace direct* hat. Nun ist es tatsächlich so, dass *libri* in Deutschland Buchhändlern die Möglichkeit bietet, auf *Ingram* zuzugreifen. Wo diese Bücher dann aber gedruckt werden, wie lange der Versand dauert und ob der US-Dollar-Preis zum Tragen kommt, konnte mir bei CreateSpace nicht beantwortet werden.

Nun konnte man meinen, dass es nichts schadet, die Option anzuklicken, da sie kostenlos ist. Dies könnte allerdings dazu führen, dass das Buch im deutschen Amazon-Store von ausländischen Drittanbietern als Neuware unter dem deutschen Preis angeboten wird. In diesem Fall, fallen dann wohl auch niedrigere Tantiemen für den Autor an.

4.2 Preisgestaltung

Im Menü *Pricing* wird der Verkaufspreis des Buches festgelegt. Zuerst muss ein US-Preis eingegeben werden. Der Dollar-Listenpreis ist dann tatsächlich der Endpreis, der bei Amazon erscheint. Beim Pfund- und Euro-Preis sieht das anders aus: Hier kommt die Mehrwertsteuer hinzu.

Es ist voreingestellt, dass der UK- und der Euro-Preis auf Grundlage des US-Preises berechnet werden. Drücken wir auf *Calculate*, werden sofort diese beiden Listenpreise berechnet. Diese sind natürlich ungerade, wenn die Mehrwertsteuer – in Deutschland sieben Prozent bei Büchern – später hinzukommt. Deswegen müssen wir zumindest beim Euro-Preis (dass der Pfund-Preis ungerade ist, kann ich verschmerzen) das Häkchen im blauen Kästchen wegklicken. Nun können wir unseren eigenen Preis eingeben.

Hier ist es wichtig, die richtige Formel anzuwenden, damit später kein ungerader Preis zustande kommt.

Zum Rechnen kommt die Dreisatzformel zum Einsatz:

*Nettopreis = 100 Prozent * Verkaufspreis / 107 Prozent.*

Bei einem gewünschten Verkaufspreis von 8,99 Euro wäre die Formel also beispielsweise:

*Nettopreis = 100 * 8,99 / 107*

Das Ergebnis, das wir als Europreis eingeben müssten, wäre in diesem Fall 8,40 Euro – leicht abgerundet.

(Danke für den Tipp, Sylvia!)

Leider gibt es keine Vorschau, die uns den endgültigen Preis bereits vor dem Abspeichern berechnen würde, wir müssen uns also darauf verlassen, dass wir richtig gerechnet haben.

Im Menü Pricing sehen wir nun auch etwas, was uns bei der ersten Berechnung im *Royality Calculator* vorenthalten wurde: Für die Bücher gibt es einen Mindest-Listenpreis, der je nach Seitenzahl variiert und der eingehalten werden muss. In der Regel sollte dieser aber deutlich unter dem Preis liegen, den wir verlangen wollen (bei einem Buch mit 178 Seiten in 5 x 8 Zoll wären es beispielsweise 4,55 Euro).

4.3 Buchbeschreibung

Im Menü *Description* geben wir die Inhaltsangabe zu unserem Buch ein. Was wir dabei beachten müssen: CreateSpace arbeitet im *Description*-Fenster mit einer begrenzten Auswahl an *html*-Programmierbefehlen. Damit unsere Buchbeschreibung später richtig dargestellt wird, sollten wir diese Nutzen.

Wollen wir zum Beispiel einen neuen Absatz einfügen, geht das zwar im Eingabefenster ganz einfach durch Betätigen der Umbruchtaste. Später wird dieser neue Absatz auf der Amazon-Seite aber nicht mehr dargestellt. Deshalb müssen wir stattdessen den Befehl für Break eingeben:

Wollen wir nicht nur einen neuen Absatz, sondern auch eine Leerzeile zwischen den Textelementen, müssen wir den Befehl doppelt eingeben:

 – und mit jedem weiteren <br> erscheint später eine Leerzeile mehr.

Zwei weitere html-Befehle, die wichtig werden könnten, sind <b> für **fett gesetzten** Text und <i> für *kursiv gesetzten* Text. Aber Achtung: Bei diesen beiden Befehlen müssen wir am Ende einen Schluss-Tag (</b> bzw. </i>) setzen, um zu markieren, wann der fette bzw. kursive Textteil endet.

Zum Beispiel:

<b>Das neue Buch von Autor XY:</b> wird zu **Das neue Buch von Autor XY:**

<i>Weitere Informationen auf der Autorenhomepage</i> wird zu *Weitere Informationen auf der Autorenhomepage*
Nicht verfügbar ist leider der html-Befehl, um einen aktiven Link einzufügen.

Unter der *Description* müssen wir im Pflichtfeld *BISAC Category* („*Book Industry Standards and Communications*“-Kategorie) eine Kategorie auswählen, in der unser Buch später erscheinen soll. Es steht eine breite Auswahl an Unterkategorie zur Auswahl, bei der jeder auf seine Kosten kommen sollte.
Die Angaben unter *Additional Information* sind zwar optional, zum Teil aber ausgesprochen wichtig. Zum einen wäre da die Autorenbiografie, die wir nun endlich einfügen dürfen. Darunter sollten wir das Publikationsland wählen. Beim Publikationsdatum kann im Kalender ein Datum bis zum aktuellen Tag – oder in der Vergangenheit – gewählt werden. Die Veröffentlichung in die Zukunft zu datieren (zum Beispiel, weil es noch mehrere Tage dauert, bis das Buch geprüft und freigegeben ist und im Katalog erscheint) ist nicht möglich.
Bei den *Search Keywords* können bis zu fünf Schlüsselbegriffe eingegeben werden, anhand derer das Buch bei Amazon und bei Suchmaschinen leichter zu finden ist – eigentlich ein klares Pflichtfeld!
Zusätzlich kann angekreuzt werden, falls das Buch jugendgefährdende Inhalte enthält und/oder ob es in Großschrift gedruckt ist.

4.4 Weiterleitung zu kindle direct publishing

Eigentlich haben wir es nun geschafft! Alle benötigten Informationen wurden eingeben, die Daten werden gerade überprüft. Doch an dieser Stelle möchte uns CreateSpace an *kindle direct publishing (kdp)* weiterleiten – Amazons eBook-Service für Selbstverleger. Diejenigen, die noch nicht bei kdp angemeldet sind, sollten sich das Angebot auf jeden Fall ansehen. eBooks mögen in Deutschland noch kein Riesen-Geschäft sein, aber für Selbstverleger bieten sich bei Amazon (immerhin der größte eBook-Store in Deutschland) großartige Möglichkeiten. Aber kdp ist ein anderes Thema, zu dem von anderen Autoren schon großartige Ratgeber (zum Beispiel von Wolfgang Tischer oder Wilhelm Ruprecht Frieling) geschrieben wurden ...

5. Die Druckfahnenprüfung

48 Stunden soll es dauern, bis CreateSpace die Druckdaten geprüft hat. Wie gesagt: Bei mir ging es immer wesentlich schneller. CreateSpace informiert uns in einer eMail, dass die Daten bereit liegen. Bei CreateSpace sitzen „echte" Menschen, die unsere Daten prüfen – keine Computer-software. Sollten irgendwelche Probleme oder Fehler aufgetreten sein, werden wir hierüber in der Mail informiert – sofern die Fehler behebbar waren, hat das CreateSpace-Team sich darum gekümmert (sogar wenn der Buchrücken zu schmal oder zu breit ausfällt, CreateSpace kann auch diesen ändern). Typische Fehler, die geprüft und geändert werden, könnten sein:

- Falsche ISBN-Angabe im Buchinnenteil.
- Autorenname oder Buchtitel stimmen auf dem Cover und in der Buchbeschreibung nicht überein.
- Buchrücken zu schmal
- falsche Nummerierung der Buchseiten

Sollte ein Problem für CreateSpace nicht lösbar sein, beispielsweise, weil die ISBN im Innenteil falsch ist, so müssten wir selbst eine neue Version hochladen, die Prüfung der Druckfahnen würde dann nicht freigegeben.

Wenn alle Daten stimmen oder von CreateSpace geändert werden konnten, erreichen wir den *Proof* (Korrekturbogen) über den Weiterleitungs-Link in der eMail oder auf der Project Homepage im Untermenü *Review/Proof*. In dem Viewer-Fenster, das sich nun öffnet, wird sowohl Buchcover als auch Buchinnenteil simuliert. Es ist auch möglich sich das Buch in einer 3D-Simulation anzusehen – eher eine Spielerei. Die Qualität des Buchcovers war bei mir jedes Mal sehr enttäuschend – auch nachdem ich mit der Lupenfunktion heranzoomte, waren die Bilder verschwommen und die Schriften verpixelt und kaum lesbar. Die Schriften und Schwarzweiß-Bilder im Buchinnenteil sahen hingegen wunderbar aus. Da es nicht an meinen Rohdaten liegen konnte – die PDF-Dateien hatten die geforderten 300dpi und sahen beim Ansehen in einem *PDF-Viewer* einwandfrei aus – probierte ich es einfach aus und bestellte ein Buch. Das gedruckte Ergebnis sah, der pixeligen Vorschau zum Trotz, wunderbar aus. Wir sollten uns also nicht verrückt machen lassen, wenn das Cover nicht perfekt aussieht – sofern unsere PDF nur gut aussah. Was wir im Viewer aber gut beurteilen können, ist, ob alle Schriften und Bilder richtig sitzen. Ist der Buchrücken verrutscht? Sind die Schriften zu nah am Rand? Auch der von CreateSpace generierte Barcode ist nun zu sehen.

Vom Buchinnenteil können wir uns an dieser Stelle auch ein PDF erstellen lassen. Keine schlechte Idee: Damit können wir den Buchinnenteil ausdrucken. Gedruckt lassen sich Fehler einfach besser entdecken als am Bildschirm.

Wenn alles stimmt, dann heißt es an dieser Stelle *Approve* – die Druckfreigabe wird damit erteilt. Gab es noch Fehler, dann heißt es Make Changes und wir müssen die Cover-Datei oder den Buchinnenteil neu hochladen und leider auch erneut zur Prüfung an CreateSpace geben. Wir sollten uns aber nicht grämen, Korrekturen der Druckfahnen kommen in der Welt des Buchdrucks häufig vor.

Bis das Buch nach der Freigabe bei Amazon auftaucht, dauert es laut Aussage von CreateSpace fünf bis acht Werktage. Ich habe unterschiedliche Erfahrungen gemacht: Zweimal dauerte es keine 48 Stunden, einmal dann doch sechs Tage. Ist ein bestimmter Veröffentlichungstermin geplant, sollte also auch dies frühzeitig eingerechnet werden.

Gibt es bereits ein kindle-eBook zum selben Titel, so wird dies von Amazon automatisch erkannt. Beide Titel sind miteinander verlinkt und Rezensionen werden übernommen. Das kann allerdings mehrere Tage dauern.

6. Sales & Marketing

Ist das Buch veröffentlicht, wird der Bereich *Sales & Marketing* interessant. Unter *Track Sales* erhalten wir eine detaillierte Auflistung, wann wie viele Bücher in welchem Store verkauft wurden und wie viele Tantiemen hierfür anfallen. Die Zahlen werden regelmäßig erneuert, wahrscheinlich stündlich – mit Sicherheit aber mehrmals am Tag.

Unter *Marketing Services* können Autoren kostenpflichtige Serviceleistungen zu ihrem Buch zukaufen. Für den eigenen Buchtrailer oder die Pressemeldung zum Buch fallen allerdings hohe Kosten an und – was wir natürlich nicht vergessen haben – CreateSpace ist ein US-Unternehmen. Es handelt sich hier also um englischsprachige Angebote für den US-Markt.

Wer des Englischen mächtig ist, findet unter *Get ideas in Resources* einen Link zu Artikeln zum Thema Marketing in der CreateSpace-Community.

7. Was sonst noch anfällt

7.1 Belegexemplare

Autoren haben die Möglichkeit günstige Exemplare ihres Buches direkt bei CreateSpace zu bestellen. Die Kosten pro Buch sind gleich hoch, egal welche Auflagenhöhe bestellt wird. Das ist eigentlich eine großartige Sache – leider werden die Bücher in den USA produziert. Das führt zu langen Lieferzeiten und hohen Portokosten.

Bestellen wir aus Deutschland, haben wir die Wahl zwischen drei Versandgeschwindigkeiten:

- Standard, 32 Werktage
- Expedited, 7 Werktage
- Priority, 2 Werktage

Diese Versandarten sind unterschiedlich teuer – spätestens beim Priority-Versand wird es sehr teuer. Ich habe testweise zwei Bücher mit dem Expedited-Versand bestellt und sie wurden zwar nach zwei Werktagen versendet, blieben danach aber noch zwei Wochen im deutschen Zoll hängen. Zusätzliche Kosten für den Zoll fielen bei diesem Test aber keine an, den es lag wohl lediglich an der uneindeutigen Beschriftung von CreateSpace, dass das Paket nicht sofort durch den Zoll kam.

Grundsätzlich fallen für Sendungen bis 22 Euro Warenwert beim deutschen Zoll keine Kosten an. Ab 22 Euro müssen 7 % des Warenwertes als Einfuhrumsatzstuer gezahlt werden. Richtiger "Zoll" fällt erst ab einem Warenwert von über 150 Euro an.

Bei der zweiten Bestellung von 20 Büchern musste ich selbst zum Zollamt in Mannheim fahren und die Bücher abholen und die Umsatzsteuer bezahlen.

Für die Bezahlung der bestellten Bücher bei CreateSpace ist eine Kreditkarte nötig.

Ich habe eine Beispielrechnung erstellt, damit wir uns besser vorstellen können, wann eine Bestellung über CreateSpace Sinn macht und wann nicht.
Ein Buch mit 136 Seiten und einem Format von 5 x 8 Zoll kostet pro Exemplar 2,48 Dollar (1,98 Euro). Wählen wir den 7-Tages-Versand, fallen bei 100 Stück je 3,85 Dollar (3,09 Euro) für Buch und Porto an. Bei 50 Exemplaren würden je 3,79 Dollar (3,04 Euro) anfallen. Zwischen 50 und 100 Exemplare ist der Unterschied der Portokosten pro Exemplar also kaum messbar.
Bei 20 Stück sieht das anders aus. Hier kommt man inklusive Porto auf 4,52 Dollar (3,63 Euro). Bei zehn Stück wären es schon je 4,83 Dollar (3,88 Euro).
Bestellen wir nur ein Exemplar, landen wir für Porto und Buchdruck gar bei 10,47 Dollar (8,40 Euro) – hier ist es nicht nur schneller das Buch direkt im deutschen Amazon-Store einzukaufen – es ist auch je nach Verkaufspreis in den meisten Fällen billiger, da der Autor ja die Autorentantiemen erhält und keine Portokosten anfallen.

Unter *www.createspace.com/Products/Book* im Bereich *Buying Copies* gibt es einen Rechner, in dem wir uns das noch mal in Ruhe ansehen können. Die Portokosten bleiben übrigens immer gleich, egal wie viele Seiten die Bücher haben oder welches Format sie haben.

7.2 Pflichtexemplare

Normalerweise müssen auch Selbstverleger Pflichtexemplare eines Buches an die *Deutsche Nationalbibliothek* (DNB) und an die Landesbibliothek vor Ort ausliefern, selbst wenn deren Bücher im Print-On-Demand-Verfahren erscheinen. In der Verordnung über die Pflichtablieferung von Medienwerken an die Deutsche Nationalbibliothek heißt es in **§ 4 Einschränkung der Ablieferungspflicht für bestimmte Gattungen von körperlichen Medienwerken Absatz 2**:

[Nicht abzuliefern sind] einzeln auf Anforderung hergestellte Medienwerke [also Print-On-Demand], die mit weniger als 25 Exemplaren in körperlicher Form verbreitet werden, wenn diese nach Maßgabe der Bibliothek in einer zur Archivierung und Bereitstellung geeigneten unkörperlichen Form abgeliefert wurden.

Wir wollen mehr als 25 Stück herstellen, also müssen wir zwei Exemplare an die DNB abliefern. Oder? Bei einer CreateSpace-ISBN wird CreateSpace als Verlag genannt. CreateSpace sitzt in den USA, fällt also nicht unter das deutsche Gesetz. Allerdings heißt es in **§15 des DNB-Gesetzes**:

Ablieferungspflichtig ist, wer berechtigt ist, das Medienwerk zu verbreiten oder öffentlich zugänglich zu machen und den Sitz, eine Betriebsstätte oder den Hauptwohnsitz in Deutschland hat.

Damit wären Autoren, die über CreateSpace veröffentlichen und ihre Veröffentlichungsrechte nicht an den Verlag abgetreten haben (da CreateSpace diese nicht vom Autor fordert), sehr wohl verpflichtet die Pflichtexemplare abzugeben, sofern ihr Wohnsitz in Deutschland liegt.

Auf meine Anfrage bei der DNB erhalte ich 2012 widersprüchliche Antworten. Anfang 2013 musste dann nur noch 1 Exemplar eingesandt werden, weil die Bücher als

Auslandserwerbung betrachtet wurden. Nun, Ende 2013, müssen wieder zwei Exemplare abgeliefert werden. Die Begründung der DNB ist zu finden unter http://www.dnb.de/DE/Erwerbung/FAQ/faq_node.html, Frage 5:

„Auch wenn einige Selfpublishing-Plattformen ihren Firmensitz im Ausland haben, fällt die Erwerbung dieser Medienwerke nicht automatisch in die Zuständigkeit der Auslandserwerbung. Die Autoren gehen keinen Verlagsvertrag mit der jeweils gewählten Selfpublishing-Plattform ein, und diese haben im Sinn der Deutschen Nationalbibliothek kein eigenes Verbreitungsrecht. Die Autoren kaufen mit der Herstellung über die ausländische Selfpublishing-Plattform und dem Erwerb einer ausländischen ISBN lediglich die Vertriebsmöglichkeit über das Internet. Es steht den Autoren frei, zusätzlich eine deutsche ISBN zu erwerben, um ihren Titel an das VLB zu melden und/oder auch den Vertrieb über den deutschen Buchhandel zu ermöglichen.
Aus diesem Grund erfolgt die Bearbeitung durch die Inlandserwerbung, deren Zuständigkeit sich, wie bei allen anderen Medienwerken auch, nach dem juristischen Hauptsitz/Wohnort des ablieferungspflichtigen Autors richtet. Damit sind zwei Exemplare ablieferungspflichtig.
Sie haben aber auch die Möglichkeit, Ihre Publikation online abzuliefern."

Die Durchführung der Pflichtabgabe ist zum Glück recht einfach geregelt. Die beiden Exemplare kommen in einen Umschlag, dem ein Lieferschein oder ein formloses Schreiben beigelegt wird, aus dem die Absenderangaben deutlich hervorgehen. Zwei Exemplare sind nötig, da die DNB zwei Standorte hat – in Leipzig und in Frankfurt am

Main. Ein Selbstverleger schickt beide Exemplare aber nur an den Standort, der für ihn zuständig ist.
Der Standort Frankfurt am Main (Deutsche Nationalbibliothek, Adickesallee 1, 60322 Frankfurt am Main) bearbeitet folgende Bundesländer: Baden-Württemberg, Bayern, Bremen, Hamburg, Hessen, Niedersachsen, Rheinland-Pfalz, Saarland und Schleswig-Holstein.
Der Standort in Leipzig (Deutsche Nationalbibliothek, Deutscher Platz 1, 04103 Leipzig) ist für diese Bundesländer zuständig: Berlin, Brandenburg, Mecklenburg-Vorpommern, Nordrhein-Westfalen, Sachsen, Sachsen-Anhalt und Thüringen.

Wir müssen also ein Exemplar an die DNB in Leipzig senden. Die Durchführung der Pflichtabgabe ist zum Glück recht einfach geregelt. Das Exemplar kommt in einen Umschlag, dem ein Lieferschein oder ein formloses Schreiben beigelegt wird, aus dem die Absenderangaben deutlich hervorgehen. Der Standort in Leipzig hat folgende Adresse: *Deutsche Nationalbibliothek, Deutscher Platz 1, 04103 Leipzig.*

7.3 Die Abrechnung

Sobald der Mindestauszahlbetrag von 10 Euro am Ende eines Monats erreicht wurde, sendet Amazon uns am Ende des nächsten Monats eine Abrechnung per eMail. Bei mir kam die Abrechnung („*Remittance Advice*") bisher immer zwischen dem 20. und dem 24. eines Monats an (Anmerkung Mai 2013: Mittlerweile versendet Amazon die Abrechnung wohl eher gegen Monatsende). Die Auszahlung des Betrags erfolgte danach innerhalb von ein bis zwei Tagen auf mein Konto.

Die gesamte Abrechnung ist auf Englisch und weist nur den Zahlungsempfänger aus („*Payment made to:*"), das Rechnungsdatum („*Payment date:*"), die Währungseinheit („*Payment currency:*") und den Abrechnungsbetrag („*Payment amount:*").

Wichtige Informationen zur von Amazon gezahlten Umsatzsteuer und die Umsatzsteuerident-Nummer des Unternehmens fehlen. Wenn wir als Autor von der Umsatzsteuer befreit sind, sollte es also kein Problem sein, die Abrechnung von Amazon, so wie sie ist, beim Finanzamt einzureichen.

Wer als Autor umsatzsteuerpflichtig ist, sollte sich am besten bei seinem Finanzamt informieren, in welcher Form er die Abrechnung vorlegt.

Interessante Gedanken zu diesem Thema (was ebenso für die Abrechnung von *kindle direct publishing* gilt) hat sich der Autor und Verleger Thomas Knip auf seinem Blog gemacht: *http://thomas-knip.blogspot.de/2012/01/ebooks-uber-amazon-kpd-und-die.html*

8. Neue Auflagen

Wir können das Buch jederzeit updaten, nachdem es einmal bei Amazon verfügbar ist. Aber anders als beispielsweise bei *kindle direct publishing*, wo die alte Auflage eines eBooks weiterhin verfügbar ist, während die neue Daten der neuen Auflage verarbeitet werden, kann es bei CreateSpace hier zu Problemen kommen.

Als ich das erste Mal eine überarbeitete Version eines Buches hochgeladen habe, sprang das Buch innerhalb von wenigen Minuten bei Amazon vom grünen „*Auf Lager*" zum roten „*Derzeit nicht auf Lager*".

Ein bisschen scheint CreateSpace hier nachgebessert zu haben: Als ich das zweite Mal ein Daten-Update durchgeführt habe, erschien bei Amazon in orange "*Auf Lager. Zustellung kann bis zu 2 zusätzliche Tage in Anspruch nehmen.*"

Nach erfolgreicher Datenprüfung durch CreateSpace und erneuerter Druckfreigabe durch den Autor springt die

Anzeige dann sofort wieder zurück und es heißt wieder „*Auf Lager.*“ Wenn wir eine neue Auflage unseres Buches hochladen wollen, sollten wir also bedenken: Es ist zurzeit nicht ratsam, wie bei einem eBook möglich, ständig neue Updates hochzuladen, da das Buch dann regelmäßig mehrere Tage am Stück nicht verfügbar ist.

Problemlos ändern lässt sich hingegen jeder Arbeitsschritt aus den Menüs *Distribute* und *Sales & Marketing*. So können wir also den Preis oder die Buchbeschreibung jederzeit ändern – unser Buch fällt dabei nicht aus dem Verkauf.

8.1 Einen Titel löschen

Sollten wir unser Buch nicht mehr über CreateSpace anbieten wollen, können wir es aus dem Verkauf nehmen. Das Buch komplett aus der Amazon-Datenbank zu nehmen, ist nicht möglich, da Amazon dort auch nicht mehr lieferbare Bücher listet, die immer noch antiquarisch angeboten werden können.

Komplett löschen lässt sich der Titel nur, wenn das Buch noch nicht für den Verkauf freigeben ist. Um einen bestehenden Titel komplett aus dem Verkauf zu nehmen, rät CreateSpace, den Titel im *Member Dashboard* aufzurufen. Dann gehen wir auf *Channels* und stellen alle ausgewählten Verkaufskanäle (*Selected*) auf „*Deselect*". Nun sollte der Titel bei Amazon als „*Out of print*" (beziehungsweise der passenden deutschen Entsprechung) angezeigt werden.

8.2 Ein neues Buch erstellen

Unter *My Account / Create A Title* springen wir wieder zum Anfang des Bucherstellungsprozesses und können weitere Titel einstellen.

9. Das Buch in der Hand

Mein erstes eigenes CreateSpace-Buch bestelle ich morgens um 8 Uhr bei Amazon. Um 18:05 Uhr am selben Tag verlässt es das Amazon-Logistikzentrum und am nächsten um 12 Uhr halte ich es tatsächlich in der Hand! Man ist doch etwas ungläubig, wenn es dann wirklich so passiert.
Und? Wie sieht das fertige Buch aus? Fangen wir beim Cover an: Die Schrift ist nicht verpixelt. Alles ist wunderbar lesbar. Farblich und von der Schärfe her, ist der Coverdruck vielleicht nicht ganz so brillant, wie man das von einem Offsetdruck gewohnt ist, aber für Print-on-Demand sieht es solide aus. Bei anderen Anbietern gibt es meist recht viele Wahlmöglichkeiten und wir können entscheiden, ob ein Buch ein mattes oder ein glänzendes Cover bekommen soll. Bei CreateSpace gibt es diese Auswahl nicht. Das Cover des Buches ist standardmäßig mattglänzend, was bei Taschenbüchern in Deutschland eher ungewöhnlich ist.

Gefällt mir aber ganz gut. Der Text im Buch ist wunderbar scharf. Auch die Fotos, die ich im Anhang habe, sehen gut aus, sind zwar etwas pixelig, aber ich würde sagen, im normalen Bereich dessen, was beim Druck von Belletristik-Büchern auf cremefarbenen Papier möglich ist.
Die Dicke des Papiers, sowohl beim Cover als auch bei den Buchseiten, ist ausreichend. Die Bindung des CreateSpace-Buches sieht auf den ersten Blick sehr stabil aus, ich habe nach mehrmaligen Durchblättern nicht die Befürchtung, dass die Seiten bald lose durch die Wohnung fliegen. Beim ersten Aufschlagen sind die Buchseiten allerdings noch etwas gewellt. Das liegt wohl am gerade erst abgeschlossenen Herstellungsprozess. Und tatsächlich, nach zwei Stunden sieht das Buch schon besser aus.
Grundsätzlich kann ich sagen: Ich bin positiv überrascht. Es hat alles recht einfach funktioniert. Es ging schnell und die Qualität ist gut genug, dass ich mich traue, das Buch meinen Lesern in die Hand zu drücken. Allerdings ging die Lieferung bei Folgebestellungen nicht immer genauso flott vonstatten. Es dauerte dann doch schon mal drei Werktage bis ein Buch bei mir ankam – ich habe aber auch von noch längeren Lieferzeiten gehört. Ein anderes Mal ging es dann wieder ganz fix und das Buch war wieder nach einem Tag im Briefkasten.
Wie dem auch sei: Sollte CreateSpace irgendwann noch das Angebot hinzufügen, dass die Bücher über das Verzeichnis lieferbarer Bücher im gesamten Buchhandel in Deutschland bestellbar sind, dann wird CreateSpace eine runde Sache für Selbstverleger.
Auch bis dahin lohnt es sich das Angebot auszuprobieren und Erfahrungen zu sammeln.

ANHANG

Häufig gestellte Fragen

Im Folgenden einige Fragen, die mir nach Veröffentlichung der ersten und zweiten Auflage dieses Buches immer wieder gestellt wurden.

Gibt es wirklich keine Kosten, wenn man CreateSpace nutzt?

Die Anmeldung und die Bucherstellung ist kostenlos. Kosten entstehen nur, wenn man die *Expanded Distribution* nutzt, die bisher aber nur für den US-Buchhandel gilt.

Gibt es keinen Weg günstige Autorenexemplare in Deutschland zu bestellen?

Jein. Es gibt schon einen Weg, um die Autorenexemplare nicht in den USA bestellen zu müssen. Er funktioniert aber nicht bei allen Büchern.
Der Trick ist folgender: Wenn wir unser Buch anlegen, stellen wir den Mindestpreis ein. Oft ist dieser Preis nicht höher, als die Produktionskosten der Autorenexemplare in den USA plus den anfallenden Lieferkosten. Ist dies der Fall, machen wir noch keine Werbung für unser Buch. Wir bestellen erst einmal so viele Exemplare direkt im deutschen Amazon-Shop, wie wir benötigen. Sind diese verschickt, setzen wir den Preis auf den gewünschten Endverkaufspreis hoch. Und nun bewerben wir natürlich auch unser Buch.

Wie hoch fällt die Tantieme aus? Berechnet sie sich prozentual am Verkaufspreis?

Die Tantieme berechnet sich nicht prozentual zum Verkaufspreis, wie es bei manch anderem Anbieter der Fall ist. Createspace setzt zuerst die eigenen Druck- und Vertriebskosten bei einem Buch mit der entsprechenden Seitenzahl an – das ist der Mindestverkauspreis, der beim *Royality Calculator* zunächst noch nicht angezeigt wird. Der Autor entscheidet sich für einen Verkaufspreis, der über den Kosten liegen muss. Die Tantieme ist zwar nicht die exakte Differenz zwischen den Kosten von Create-Space und dem Verkaufspreis, die Tantieme steigt aber in sehr fairem Maße, desto höher der Verkaufspreis über den Kosten liegt.

Eine Leserin von mir hat kürzlich, anstatt mein Buch über Amazon zu bestellen, bei ihrem Buchhändler nachgefragt. Ja, er könne es bestellen für 15 Euro. Es kostet bei Amazon 4,97 Euro. Also wird es offenbar aus den USA versendet.

Wenn man die *Expanded Distribution* nutzt, wird das Buch auch in die INGRAM-Datenbank aufgenommen, auf die einige Buchhändler in Deutschland zugreifen können. Doch wie dieses Beispiel zeigt, werden diese Bücher dann bisher trotzdem in den USA gedruckt – genauso wie die Autorenexemplare, die ein Autor aus Deutschland direkt bei CreateSpace bestellt. Leider.

Meine eBook-Ausgabe und die Print-Ausgabe sind bei Amazon nicht miteinander verbunden. Was kann ich tun?

Normalerweise werden die Bücher automatisch miteinander verbunden. Das dauert ein bis drei Tage. Es schadet aber nichts, auf der persönlichen AuthorCentral-Seite das neue Buch unter „Bücher hinzufügen" auszuwählen und zur eigenen Bücherliste hinzuzufügen, falls es dort noch nicht auftaucht. Um sicherzugehen, kann man natürlich auch eine eMail an Amazon senden und darauf hinweisen, dass es sich um die Print-Ausgabe zum eBook handelt.

Ein Grund, weshalb Amazon nicht automatisch erkennt, dass es sich um dasselbe Buch handelt, könnte eine kleine Änderung in der Schreibweise des Titels sein.

Ich habe gelesen, dass bei jeder Änderung der Buchdatei 25 Dollar berechnet werden, was bedeutet das?
Die 25 Dollar fallen nur bei Büchern an, die über die *Expanded Distribution* vertrieben werden. Bei anderen Büchern fallen auch bei Änderungen keine Kosten an. Das Buch ist allerdings vorübergehend nicht verfügbar bei Amazon, während eine neue Buchdatei geprüft wird.

Bietet CreateSpace auch Farbdruck?
CreateSpace bietet nur Bücher mit schwarzweißem Innenteil oder "komplett" farbigem Innenteil. Bücher mit einigen Farbfotos sind also recht teuer, da jede Seite in Farbe gedruckt wird, selbst wenn darauf nur Text steht.
Hier hat zum Beispiel *bod.de* die bessere Technik: Dort kann man auch einzelne Farbseiten dazu buchen.

Mein Roman ist mit fast 600 Normseiten ziemlich lang. Wie viel wird das Buch als Druckausgabe in etwa kosten wird bzw. wie hoch wird der von CreateSpace vorgegebene Mindestpreis sein?
Für ein Taschenbuch mit 600 Seiten müssen wir mindestens 15 Euro verlangen, um überhaupt etwas zu verdienen. Bei so vielen Seiten sollten wir auf jeden Fall ein großes Format wählen, um nach Möglichkeit noch ein paar Seiten zu sparen. Den jede Seite geht von unserem Honorar ab.
Eine andere Möglichkeit wäre, dass Buch in zwei Teile aufzuteilen. Die Leser sind es nicht gewohnt 15 oder gar 20 Euro für ein Taschenbuch auszugeben, selbst wenn es 600

Seiten hat. Bei zwei Büchern mit 300 Seiten zu je 10 Euro hätten sie hingegen keine Probleme. Das geht natürlich nur, wenn die Story es zulässt. Dafür hat man mit einer zweibändigen Geschichte aber auch noch andere Möglichkeiten im Marketing, um die Bücher sich gegenseitig bewerben zu lassen.

CreateSpace-Bücher in den Handel bringen: Buchhändler selbst bestellen lassen mit „Discount Codes"

Dass wir die CreateSpace-Bücher nicht ohne Weiteres in den deutschen Buchhandel bringen können, haben wir bereits festgestellt. Es gibt allerdings eine Möglichkeit, die CreateSpace geschaffen hat, damit Buchhändler die Bücher direkt inklusive Buchhändlerrabatt bestellen können. Leider ist auch diese Option für den US-Markt optimiert, im Gegensatz zur *Expanded Distribution* funktioniert sie aber ebenso in Europa.

Jeder Autor kann *Discount Codes* für seine Bücher anlegen, mit denen Dritte einen vorher definierten Rabatt erhalten, wenn sie direkt im *CreateSpace eStore* einkaufen. Hier gelten die selben schlechten Bedingungen für die Einkäufer wie für uns, wenn wir Autorenexemplare außerhalb der USA bestellen (lange Lieferzeit, hohe Lieferkosten, nur Kreditkartenzahlung und eventuell anfallende Zollgebühren). Auf der anderen Seite ist es möglich, den Käufern hohe Rabatte zu gewähren, und als Autor trotzdem noch etwas zu verdienen.

Wenn wir Autorenexemplare im *CreateSpace eStore* bestellen, werden uns die Kosten für ein Exemplar unseres Buches angezeigt. Diese dürfen selbstverständlich nicht durch den Rabatt unterschritten werden. Wenn unser Buch zum Beispiel einen Verkaufspreis von 9,99 USD hat (im *CreateSpace eStore* zählt nur der Dollarpreis!) und wir für 2,50 USD ein Autorenexemplar bestellen können, könnten wir einem Einkäufer problemlos einen Rabatt von 50 Prozent oder mehr gewähren. Da der Einkäufer später noch die Summe für die Lieferung einrechnen muss, ist eine geringere

Ermäßigung wahrscheinlich kaum erstrebenswert für einen Buchhändler, für den die Auslandsbestellung über eine Internetseite, bei der er sich extra anmelden muss, eine ungewöhnliche Belastung darstellt.

Um einen Discount Code zu generieren, müssen wir im CreateSpace-*Dashboard* auf den Titel klicken, für den wir den Rabatt erstellen wollen. Wir wählen im Menüpunkt *Distribute* das Untermenü *Channels*. Unter dem Veröffentlichungskanal *CreateSpace eStore* befindet sich der Link *Discount Codes*, den wir nun auswählen.
Bevor wir unsere Codes bearbeiten können, müssen wir erst einmal einen anlegen. Deshalb folgen wir dem Link, der in dem Fließtext versteckt ist: *To create a new discount code click here.*
In einem neuen Tab wird uns der achtstellig Code angezeigt, den wir markieren und kopieren. Auf dieser Seite können wir uns auch unter *View Codes* einer Übersicht aller bisher erstellten Codes anzeigen lassen. Wenn wir zurück in das Discounts-Fenster wechseln, können wir den gespeicherten Code in die Eingabemaske einfügen. Unter *Discount Type* können wir auswählen, ob wir einen bestimmten Dollar-Betrag als Rabatt geben wollen (*Dollars Off*) oder einen prozentualen Anteil (*Percantage Off*). Wir wählen die zweite Variante und geben unter *Amount* den Prozentsatz ein, den wir reduzieren wollen. Zum Abschluss auf *Save Changes* klicken und der Code ist einsatzbereit.

Den Link zu unserem Buch im *CreateSpace eStore* finden wir, wenn wir im *Dashboard* auf den Titel unseres Buches klicken.

Wir sehen nun die *Project Summary* mit allen Daten zum Buch. Ganz unten steht der Link, der nicht klickbar ist. Wir können den Link kopieren und zusammen mit dem Code dem potentiellen Käufer zur Verfügung stellen.
Auf der Produktseite kann das Buch in den Einkaufswagen gelegt werden. Automatisch wird man weitergeleitet. Jetzt kann man die Anzahl der Bücher wählen, die man bestellen will. Es ist wichtig, dass der Käufer seinen Rabatt-Code im Feld *Apply Discoun*t eingibt. Nach Drücken des Buttons wird die Ermäßigung sofort angezeigt.

Nun müssen wir nur noch Buchhändler finden, die bereit sind unsere Bücher in ihr Sortiment aufzunehmen – und auf diesem Umweg aus den USA zu bestellen, was sicherlich nicht einfach wird!

3 Ideen zur Vermarktung von CreateSpace-Büchern

Amazons CreateSpace macht es möglich: Viele Selbstverleger, die zuvor schon eBooks veröffentlicht haben, halten dieser Tage ihre ersten gedruckten Bücher in der Hand. Doch was nun? Nur weil Amazon das Print-Buch als „Auf Lager“ führt, verkauft es sich nicht automatisch. Für kindle-Selbstverleger bietet Amazon Möglichkeiten zur Selbstvermarktung (über deren Sinn und Unsinn auch viel diskutiert wird) – seien es nun „kostenlos-Aktionen“ oder die Möglichkeit sich durch einen günstigen Verkaufspreis einen Marktvorteil gegenüber Verlagsveröffentlichungen zu verschaffen. Bei gedruckten Büchern ist das natürlich anders. Was also stattdessen tun? Drei Bücher habe ich bisher über Create-Space veröffentlicht, bei jedem habe ich eine andere Marketingmethode schwerpunktmäßig angewandt.

1. Das Print-Buch mit dem eBook „mitlaufen“ lassen

Der ein oder andere wird sich vielleicht fragen, ob das wirklich ein ernst gemeinter Tipp ist. Meine Erfahrung zeigt: Wenn es bereits ein erfolgreiches eBook gibt, kann es ausreichen, das Print-Buch einfach nur zur Verfügung zu stellen. Dann sehen Leser, die auf das eBook stoßen, aber keinen Reader besitzen, dass es auch eine gedruckte Version gibt.

Erfolg hatte ich bei dieser Taktik mit „Wald“, einem eBook, das ich unter meinem Pseudonym für historische Romane „Mike Wächter“ herausgebracht habe. Als ich die Print-Version nachlegte, lief das Buch gerade sehr erfolgreich. Immer dann, wenn es das eBook unter die Top20-Liste der “Historischen Romane” schaffte – also nicht in der eBook-

Rangliste, sondern in der Gesamtliste für gedruckte und elektronische Bücher – dann gab es auch Verkäufe beim Print-Buch.

Der „Wald“ ist allgemein ein ziemlich durchgeknalltes Buch. Zwei Ritter ziehen in dunkle Wälder, um einen Drachen zu jagen und verfallen dem Wahnsinn. Durchschnittliche Historienkost sieht anders aus. Dass das Buch polarisiert, sieht man auch bei den Amazon-Rezensionen, einstimmigeres Lob erhält die Leseprobe des Romans bei neobooks.

Man darf sich natürlich keinen Illusionen hingeben: Wenn das Print-Buch als Nebenprodukt zum eBook mitläuft, dann verkauft es sich in viel geringerer Anzahl.

2. Rezensionsexemplare verschicken

Mag sein, dass man auch Rezensionsexemplare von eBooks verschicken kann. An einen auf eBooks spezialisierten Literatur-Blog zum Beispiel. Aber fragt mal bei eurer Tageszeitung vor Ort an, ob ihr das Rezensionsexemplar zu eurem neuen Buch lieber als epub oder mobi schicken sollt!

Klar ist: Mit gedruckten Büchern ergeben sich, im Gegensatz zu elektronischen Büchern, ganz neue Möglichkeiten im Bereich der Pressearbeit. Aber eine Rezension in etablierten Medien zu erhalten, ist nicht einfach. Der unbekannte Autor macht es sich hier erheblich leichter, wenn er ein Buch mit einem griffigen Aufhänger geschrieben hat. Ein interessantes Thema, das er einer Redaktion in wenigen Sätzen schmackhaft machen kann. „Jungfrau (männlich), gläubig, sucht“ ist so ein Buch. Es geht um Sex (nie verkehrt!), genauer gesagt um einen jungen Christen aus einem strengreligösen Umfeld, der im Spannungsfeld zwischen Enthaltsamkeitslehre und moderner Welt lebt. Jugendliche und Sexualität, evangelikale Christen im allgemeinen und die Frage, ob das Überangebot und die permanente Verfügbarkeit von Pornographie die Jugend verroht – das sind alles Themen, die auch in der Presse stattfinden. Vor allem natürlich in der christlichen Fachpresse. Es ist von Vorteil eine passende Nischenpresse zu finden, denn bei einer möglichst spezifischen Ansprache, erhöht sich die Anzahl der Rückmeldungen. Die Rückmeldequote von Medien, auf meine Anfrage ein Rezensionsexemplar schicken zu dürfen, ist bei „Jungfrau (männlich), gläubig, sucht" tatsächlich sehr hoch.

Meine Vorgehensweise ist Folgende: Ich schreibe die Redaktion oder einen Ressortleiter per eMail an, stelle das Projekt in ein paar Sätzen vor und frage, ob ich ein Exemplar zusenden darf. Unaufgefordert Bücher bei Redaktionen einschicken, davon hat niemand etwas: Bei den Redakteuren stapeln sich die Bücher auf dem Schreibtisch, die sie doch nicht alle lesen können, und der Autor gibt unnötig Geld aus. Besser ist es sich zu überlegen, was für Themen im eigenen Buch stecken, die für ein bestimmtes Presseorgan interessant sein könnten und diese interessante Thematik im Anschreiben herausarbeiten.

Das muss nicht wie in meinem Fall eine Geschichte über sexuelle Probleme junger Christen sein. Wer einen Krimi über die Wirtschaftskrise geschrieben hat, der greift ein aktuelles Thema auf. Ebenso beim Coming-Of-Age-Roman über das Platzen der ersten Internet-Blase, der drei Generationen umspannende Familienroman, der die DDR erklärt, oder der historischen Roman, in dem eine wenig

bekannte wahre Geschichte wieder ausgegraben wird, die man wunderbar in der Wochenendausgabe aufgreifen kann.
Ich rate davon ab, sich beim Schreiben nur Gedanken zu machen, was sich später gut verkaufen wird, weil es dafür einen Markt geben könnte. Autoren schneiden wichtige Themen an, oft auch unbewusst. Diese gilt es selbst zu erkennen, wenn man sich richtig vermarkten will.
Natürlich ist es auch immer möglich, die regionalen Medien am Wohnort anzuschreiben: Autor aus der Stadt, in der die Regionalzeitung erscheint – auch das reicht meist schon aus als Thema. Und dann kommt mit einem CreateSpace-Buch noch ein ganz neues Thema hinzu, das für die Presse interessant sein kann: Nämlich die Tatsache, dass es ein CreateSpace-Buch ist. Gerade die Lokal-Presse (und das heißt nicht nur Tageszeitungen – es gibt noch Stadtteil-Blätter, Stadtmagazine, lokale Fernseh- und Radiostationen etc.) freut sich, wenn sie einen aktuellen Trend anhand eines Menschen erklären kann, der im Einzugsgebiet wohnt. Als beispielsweise die ersten Crowdfunding-Projekte in Deutschland finanziert wurden, wurde eine Filmemacherin aus Mannheim mit ihrem Projekt in einer Vielzahl von lokalen Medien präsentiert. Für *kindle direct publishing* wurde Johnny Haeusler zu einem der am meisten zitierten Erfahrungsberichtslieferanten in der nationalen Presse. Für CreateSpace-Erfahrungsberichte ist diese Stelle in der deutschen Medienwelt noch zu besetzen.

3. Lesungen? Lesungen!

Natürlich, werden wieder einige sagen, dass man auch mit eBooks Lesungen veranstalten kann. Klar: Viele Autoren lesen ihre Texte sogar von losen Blättern ab, weil sie das praktischer finden, als ein gedrucktes Buch in der Hand zu halten. Das darf auch gerne so bleiben. Aber eBooks kann man eben nicht vor Ort verkaufen und vor allem – nicht signieren. Auch wenn es schon einen Dienst gibt, der pdf-Dateien mit Autorenunterschriften direkt auf kindle-Reader schickt – das ist nicht dasselbe.

Wenn man einmal das Interesse der potentiellen Käufer geweckt hat, muss man den Sack auch zumachen. Selbst wenn die Zuhörer bei einer Lesung so angetan sind, dass sie sich vor Ort entschließen „in den nächsten Tagen das eBook auf jeden Fall zu kaufen", man unterschätzt, wie weit der Weg zum heimischen PC werden kann, wie viele Ablenkungen es bis dorthin gibt und wie schnell Kaufinteresse abebbt. „Kommissar Müller greift nach den Sternen" ist ein Kurzkrimi, den ich eigens in „Leselänge" geschrieben habe, um das Aktionsbündnis für den Erhalt der Alten Sternwarte in Mannheim mit Events zu unterstützen. Man sollte meinen, dass die Zuhörer einer Lesung, nachdem sie gerade die kompletten 46 Seiten einer Geschichte gehört haben (und wissen, wer der Mörder war) kein großes Interesse haben, auch noch das Büchlein zu kaufen. Weit gefehlt: Letzte Woche hatte ich die erste Lesung aus dem Buch, nachdem es das Buch gedruckt gab – direkt am Tatort der Handlung. Die Leute haben mir die Bücher quasi aus der Hand gerissen. Denn:

1) Wann hat man schon mal die Gelegenheit sich ein Buch vom Autor signieren zu lassen
2) Bücher sind tolle Geschenke – vor allem signierte

In der Vorweihnachtszeit bin ich bei Lesungen auch schon mal ganz frech und weise die Besucher darauf hin, dass gerade ihr Glückstag sei, weil Bücher ganz großartig zu verschenken sind und wenn sie heute Abend ordentlich zugreifen, dann ersparen sie sich viel Stress, den sie sonst beim Geschenkekauf auf den letzten Drücker haben. Und – es wirkt.

Probleme mit CreateSpace – oder was es für einen deutschen Kunden bedeutet, wenn ein Dienstleister in Übersee sitzt

Bei aller Begeisterung für Amazons neuen POD-Service, nach gut einem Monat CreateSpace tauchen auch erste Probleme auf. Ich wurde bereits Opfer davon. Eine Kundin hat ein Exemplar meines 52-Seiten-Büchleins Kommissar Müller greift nach den Sternen bestellt und von Amazon ein Mängelexemplar erhalten. Die Seiten waren doppelt gedruckt: Erst kam die erste Hälfte der Seiten, dann die kompletten Seiten in der Mitte und dann noch einmal die zweite Hälfte der Seiten als Zugabe am Schluss. Zu Recht verwirrt und verärgert wendete sich die Leserin nicht an Amazon, sondern stellte sofort eine 1-Sterne-Bewertung ein. Sie verwies zwar darauf, dass sie das Buch noch nicht gelesen hat, verkündete aber auch: „Von mir erstmal leider nur ein Stern, weil es mir nicht in den Kopf will, dass weder Autor noch Verlag diesen groben Fehler nicht bemerkt haben."

Nun der Autor und Verlag bin in diesem Fall ich, aber ich habe das Buch natürlich nie in der Hand gehabt, um den Mängeldruck bemerken zu können. Das Buch wurde in Deutschland bestellt und ausgeliefert, dementsprechend wurde es wohl von der „Amazon Distribution GmbH, Leipzig" gedruckt.

Zwischenzeitlich habe ich denselben Mängeldruck dieses Buches selbst erhalten. Ich habe mehrere Exemplare für mich bestellt und gleich beim Öffnen der Amazon-Verpackung gesehen, dass hier etwas nicht stimmen kann. Weshalb ist eines der ansonsten identischen Bücher doppelt so dick wie die anderen? Bei Amazon ist das anscheinend niemandem aufgefallen. Da ich sonst nur beste Erfahrungen mit dem Druck der „Amazon Distribution GmbH, Leipzig" gemacht habe – auch bei meinen zwei weiteren Titeln –, und auch von anderen Autoren nichts von derartigen Problemen gehört habe, habe ich mittlerweile den Verdacht, dass es am schmalen Umfang von 52 Seiten liegt, der bei der Produktion immer wieder für Probleme sorgt. Bei dickeren Büchern treten derartige Schwierigkeiten vielleicht gar nicht erst auf.

Diesen Verdacht konnte mir bei Amazon leider niemand bestätigen. Mir konnte auch niemand erklären, woran es sonst gelegen haben könnte oder ob man das Problem mittlerweile im Griff hat. Denn – und das ist das eigentliche Problem – CreateSpace ist eine Unterfirma von Amazon und sitzt in den USA. Also hat der deutsche Kundenservice von Amazon mich einfach mal an den amerikanischen CreateSpace-Kundenservice verwiesen. Nur wie soll mir CreateSpace in den USA weiterhelfen, wenn bei Amazon in Deutschland ein Buch falsch gedruckt wird? Und habe ich Lust die gesamte Problematik auch noch mal auf Englisch zu übersetzen? Ehrlich gesagt: Das habe ich nicht und viele deutsche CreateSpace-Autoren geht es wahrscheinlich ebenso.

Die Liste der Dinge, bei denen CreateSpace/Amazon in Deutschland nachbessern sollte, wird also länger:

– sie sollten einen deutschen Kundenservice anbieten

– sie sollten, wie in den USA, ihren eigenen CreateSpace-Store auch in Deutschland anbieten, damit Autoren günstige Exemplare ihres Buches ohne hohe Portokosten, lange Wartezeiten und Zollprobleme bestellen können

– sie sollten, wie in den USA, die Möglichkeit bieten, einen CreateSpace-Titel gegen Aufpreis auch in den stationären Buchhandel zu bringen

Es besteht aber Grund zur Hoffnung: Momentan springen sehr viele Autoren in Deutschland auf den CreateSpace-Zug auf. Amazons Experiment auf dem deutschen Markt mit seinem Subunternehmen Fuß zu fassen scheint aufzugehen. Dementsprechend wäre es nur logisch, wenn CreateSpace die erwähnten Punkte in den nächsten Monaten angehen würde. Wir werden sehen.

Der Autor stellt sich vor

Hi, mein Name ist Daniel und ich wurde in einem eiskalten Winter Anfang der Achtziger Jahre in Mannheim geboren, wo ich mittlerweile wieder lebe. Dazwischen habe ich einige Jahre bei einer Filmproduktionsfirma in Norddeutschland gearbeitet. Ich drehe ab und zu Filme und veröffentliche Bücher im Selbstverlag und manchmal auch über Verlage. Mein Spielfilm »Caffe della Vita« hat 2004 den David-Award als bester Newcomer-Film erhalten, beim Mannheimer Heinrich-Vetter-Literaturpreis war ich 2010 der 2. Gewinner und mein Roman »Paul sucht eine Frau« stand im Frühjahr 2013 auf der Shortlist des autoren@leipzig-Award von neobooks.com und der Leipziger Buchmesse.

Selbst ist der Autor.

Meine erste unabhängige Schülerzeitung habe ich in der zweiten Klasse angefangen. Klar, dass ich die neuen Selfpublisher-Möglichkeiten des eBook-Zeitalters sofort ausprobieren musste. Seit Dezember 2011 veröffentliche ich die meisten meiner Werke selbst. Natürlich mit Hilfe von Lektoren, Testlesern und meiner Schreibgruppe. Für Anpacker und Do-It-Yourself-Verfechter wie mich, ist der Weg als Indie-Autor eine bunte Spielweise, die Unabhängigkeit, Spaß und sehr viel Arbeit verheißt. Um meine Erfahrungen in diesem Bereich weiterzugeben, schreibe ich gelegentlich Artikel dazu in meinem Blog und ich habe dieses Sachbuch herausgegeben.

Das Leben ist scheiße, aber schön.

Darf man über ernste Themen auch humorvoll schreiben? Klar darf man das – das Leben ist vielleicht manchmal scheiße, aber immer schön. Deshalb versuche ich die Herausforderungen des Lebens in Literatur umzusetzen, die die Leserinnen und Leser mitreißt. Die echte Menschen abbildet und ernsthafte Stoffe angeht. Zum Beispiel in meinem Rollstuhlfahrer-Roman »Paul sucht eine Frau«. Oder in der aberwitzigen Novelle »Sex On The Beach – Kinderwunsch und andere Katastrophen«, in der ein Paar an unerfülltem Kinderwunsch leidet.
Ich bin außerdem ein Fan von psychologischen und atmosphärischen Thrillern, in denen es nicht nur darum geht, brutale Tötungsszenen zu zeigen. Spannungsliteratur schreibe ich auch, allerdings unter dem Pseudonym »Mike Wächter«.

Meine CreateSpace-Bücher

(alle Titel sind auch als eBook erhältlich)

Wenn Sie über meine neuen Veröffentlichungen informiert werden wollen, können Sie sich hier auf meinen E-Mail-Verteiler eintragen: *http://eepurl.com/yd_tf*

Paul sucht eine Frau

Paul ist Ende 20, in Topform und er hat ein großes Problem. Nicht, dass er im Rollstuhl sitzt. Nein viel schlimmer: Er ist schüchtern. Wenn er einer schönen Frau gegenübersteht, bekommt er keinen Ton raus. Als ihm ein Freund erzählt, dass sich viele Krankenpflegerinnen in ihre Patienten verlieben, glaubt er eine Lösung für sein Problem zu haben. Doch mit der schönen Lara wird sein Leben erst richtig kompliziert.

Ein Roman für Fans von »Ziemlich beste Freunde« und dem Film »Me too«.

Jungfrau (männlich), gläubig, sucht

Ein verrückter Coming-Of-Age-Roman voller Humor: Benjamin ist 22 und in einem strengen christlichen Umfeld aufgewachsen, in dem nicht über Sex gesprochen wird. Doch dann tritt Benjamins Jugendliebe Natalie in sein Leben und Benjamins wohlbehütete Welt verwandelt sich in einen wilden Dschungel.

Kommissar Müller greift nach den Sternen. Ein Kurzkrimi aus Mannheim

Als ein toter Künstler vor dem Eingang der Alten Sternwarte in Mannheim gefunden wird, erschlagen von einem Ziegelstein, sieht es zunächst nach einem Unfall aus. Doch wie konnte sich der Ziegel lösen und das Baugerüst, das eigens zum Schutz vor herunterfallenden Brocken aufgestellt wurde, überwinden? Was wissen die anderen Künstler, die in der Sternwarte ihre Ateliers haben, und warum ist der Galerist des Toten plötzlich verschwunden?

»[Ein] geschickt konstruiertes Rätsel« - Mannheimer Morgen

Sex On The Beach – Kinderwunsch und andere Katastrophen

Marco ist seit sieben Jahren mit Sandra verheiratet, doch ihr gemeinsamer Kinderwunsch ist bis heute unerfüllt. Jetzt soll eine Last-Minute-Reise auf die Malediven die Lösung bringen. Wenn sie sich entspannen können, klappt es vielleicht endlich mit der Schwangerschaft, hofft seine Frau. Womit keiner von beiden gerechnet hat: Zwischen Zyklus-kalender-getimten-Sex und Pilates-Training prickelt es bei Marco selbst auf der Liebesinsel nicht so richtig. Bis er die junge Barfrau Adelina kennenlernt…

„Amüsante Auseinandersetzung mit einem ernsten Thema aus der Sicht eines Manns. Urlaubsfeeling inklusive.“ - lisam auf lovelybooks.de

4238207R00050

Printed in Germany
by Amazon Distribution
GmbH, Leipzig